TABLE DES MATIÈRES

ISBN : 2-215-063-41-6

Conforme à la loi n° 49-956 du
16 juillet 1949 sur les publications
destinées à la jeunesse.
Dépôt légal à date de parution.

Imprimé et relié en France
par *Partenaires-Livres* ®
(JL 05-03)

L'imagerie de la forêt

Conception :
Émilie Beaumont

Textes :
Marie-Renée Pimont

Images :
Marie-Christine Lemayeur
Bernard Alunni

ÉDITIONS FLEURUS

ÉDITIONS FLEURUS. 15-27, rue Moussorgski, 75018 PARIS

OBSERVER LA FORÊT

PARTIR EN PROMENADE

En automne, tu peux ramasser des fruits secs, des feuilles mortes...
Au printemps et en été, observe les nombreux insectes !

Prévois une gourde et un goûter. Mieux vaut un pantalon qu'un short : tu risquerais de t'égratigner les jambes. Glisse un petit sifflet dans ta poche, tu pourras appeler si tu es perdu. Avec un bâton, tu écarteras les ronces.

Dans un panier, dépose fruits d'automne, brindilles, plumes, cailloux, graines... Au retour, tu trieras les éléments de ta récolte et tu rangeras les fruits dans des boîtes que tu laisseras ouvertes. Sinon, ils pourriront très vite.

OBSERVER LES INSECTES

Emporte la pince que tu auras fabriquée avant le départ, une loupe, des boîtes, un bâton et ouvre bien les yeux...

La pince pour attraper les insectes :
Une bande de papier cartonné courbée en deux et taillée en pointe fera l'affaire (ne fais pas de pli au milieu de la bande, tu perdrais l'effet de ressort).

Avec ta pince, saisis les insectes délicatement. Pose-les dans la boîte et prends le temps de les observer à la loupe si tu en as une.

OÙ ET QUAND OBSERVER LES OISEAUX

Au printemps et en été, écoute les chants des oiseaux. L'hiver, il est plus facile de les observer : les arbres ont perdu leurs feuilles !

Au printemps, on entend le son caractéristique des pics frappant les troncs et le chant du coucou.

L'été, les oiseaux viennent boire dans les flaques d'eau. Parfois, ils y prennent un bain.

Repère les nids dans les arbres. Au printemps, les oiseaux font de nombreux allers-retours pour nourrir les petits. Tu peux regarder, mais ne touche jamais les œufs ni les oisillons : les parents pourraient les abandonner.

COMMENT APPROCHER LES ANIMAUX DE LA FORÊT ?

Des espaces de la forêt sont plus fréquentés que d'autres par les animaux. Avec un peu de patience et de discrétion, on peut les surprendre.

La clairière est un espace dégagé au milieu de la forêt. Les animaux y trouvent une nourriture variée. C'est donc l'endroit idéal pour tenter de les voir. Dans certaines forêts, il est possible de s'abriter dans des postes d'observation.

Lorsqu'un animal emprunte toujours le même chemin pour aller manger ou boire, il crée une « coulée », un passage foulé par ses pas. Les herbes sont couchées, le sol est piétiné. Cache-toi près du point d'eau et attends patiemment. Tu auras certainement la chance d'apercevoir un animal.

EMPREINTES LAISSÉES PAR DES SABOTS

L'empreinte de l'animal, c'est la marque qu'il laisse lorsqu'il se déplace sur un sol boueux ou dans la neige.

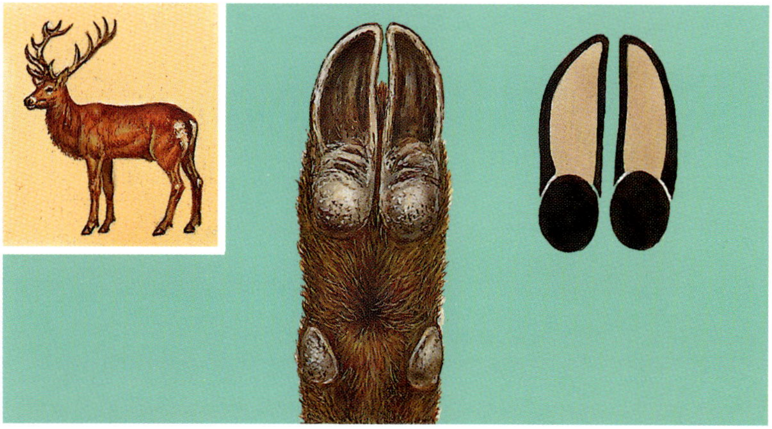

Voici le sabot du cerf : c'est un ongle géant ! À côté est représentée son empreinte.

Voici le pied du sanglier et sa curieuse empreinte. Les 2 doigts arrière de la patte apparaissent, car ils sont placés moins haut que ceux du cerf ou du chevreuil.

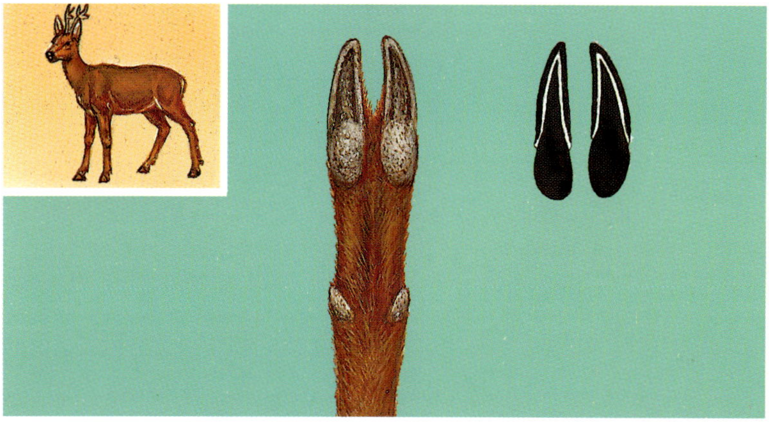

Voici le pied du chevreuil et son empreinte. Elle ressemble un peu à celle du cerf, mais en plus petit.

EMPREINTES LAISSÉES PAR DES COUSSINETS

D'autres animaux ont de petits coussinets sous les pattes : les pelotes. Leurs empreintes sont plus nettes dans les sols humides.

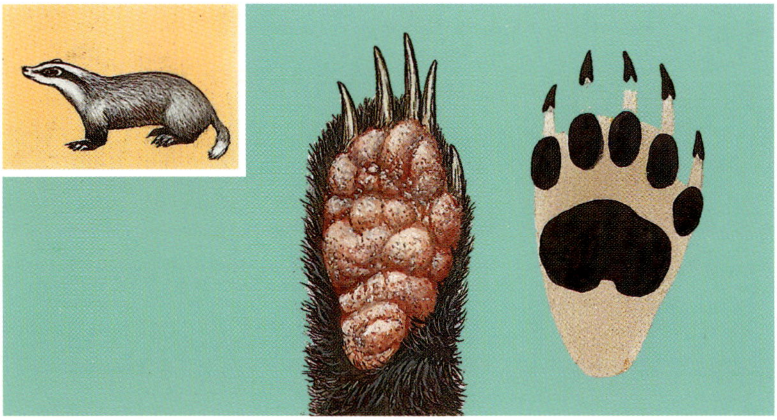

Voici la patte du blaireau : elle a 5 doigts. Sur l'empreinte dessinée, les marques noires représentent les pelotes.

Voici la patte du renard et l'empreinte qu'il laisse. Il ne faut pas chercher à s'approcher de lui, il peut être atteint d'une maladie mortelle : la rage.

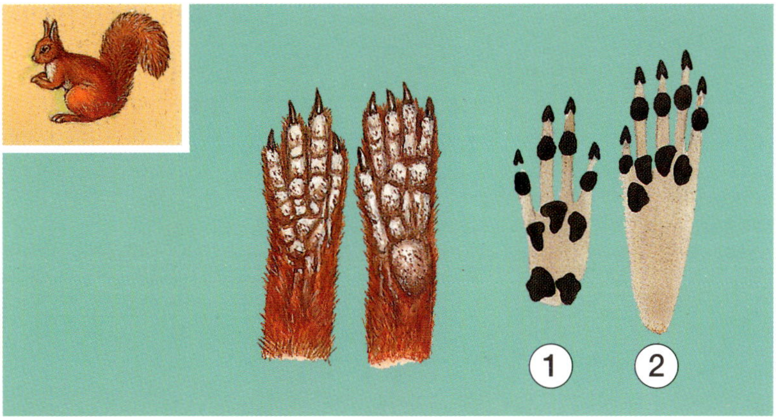

Les pattes de l'écureuil se terminent par 2 longs doigts aux griffes pointues. Voici les empreintes de ses pattes avant (1) et arrière (2).

DES INDICES DE TOUTES SORTES

Même si les animaux se cachent, on peut trouver sur les troncs ou au pied des arbres, des indices prouvant qu'ils vivent tout près !

La chouette a avalé un mulot. Dans la pelote, on retrouve les os et les poils du petit rongeur.

Certains oiseaux avalent leur proie entièrement, puis rejettent par le bec une boulette qui contient ce qu'ils n'ont pas pu digérer : c'est la « pelote de réjection ».

La sittelle a percé une noisette avec son bec.

L' écureuil a presque complètement rongé le cône.

Le mulot a grignoté un gland.

Le chevreuil a brouté une jeune pousse.

Pour repérer leur territoire ou connaître ce qu'ils mangent, il faut parfois s'intéresser aux crottes des animaux ! Les plumes et les œufs peuvent aussi renseigner sur les oiseaux qui fréquentent la forêt.

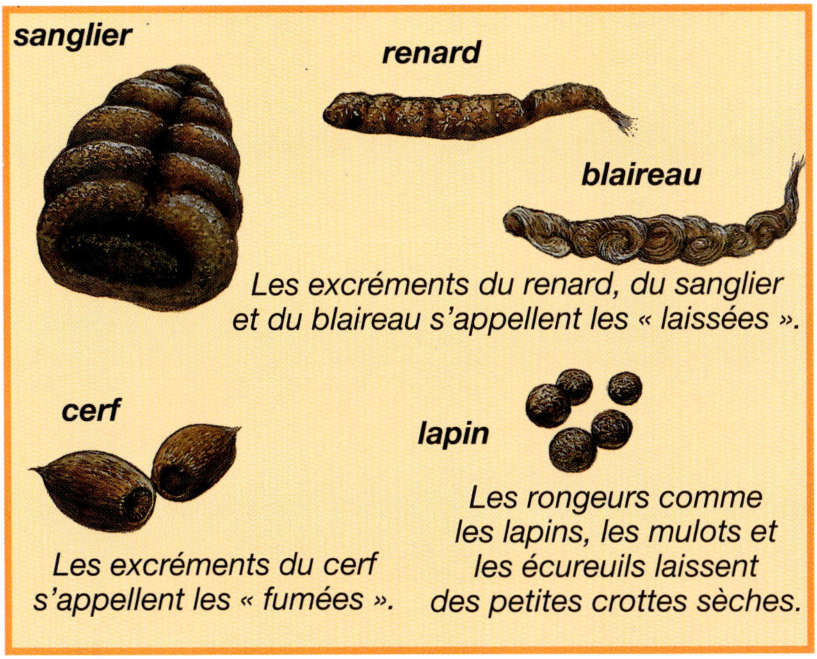

Les excréments du renard, du sanglier et du blaireau s'appellent les « laissées ».

Les excréments du cerf s'appellent les « fumées ».

Les rongeurs comme les lapins, les mulots et les écureuils laissent des petites crottes sèches.

Selon leur nourriture : viande, végétation, insectes..., les animaux ne font pas les mêmes crottes. Lorsqu'on en découvre, c'est la preuve qu'un animal est passé par là, mais il faut savoir les reconnaître !

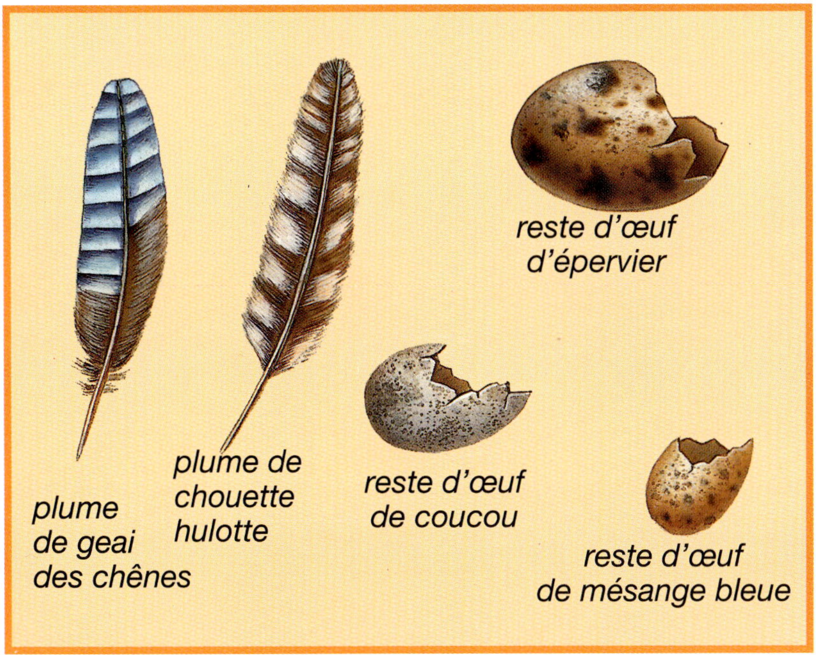

Les oiseaux ne sont pas toujours faciles à observer, mais les plumes ou les restes de coquilles tombés à terre peuvent apporter des indices sur leur passage.

LOISIRS EN FORÊT

Tu peux marcher à travers la forêt, mais aussi faire du vélo ou du cheval. Parfois, des aires de jeux sont aménagées.

Un « bon » promeneur respecte quelques règles toutes simples.
Quand on aime la forêt, on n'y fait pas n'importe quoi !

Règles de conduite à respecter en forêt :

- On n'allume pas de feu.
- On met les restes du pique-nique dans un sac que l'on jettera ensuite à la poubelle.
- On ne coupe pas trop de fleurs.
- On évite de piétiner les jeunes pousses.
- On ne coupe pas les branches d'arbre.
- On ne laisse pas courir son chien n'importe où.
- On ne grave pas l'écorce des arbres, cela ouvre un chemin aux petites bêtes qui aiment grignoter les parties tendres du tronc.

BASTIEN MÈNE L'ENQUÊTE

Bastien est allé se promener en forêt, à côté de chez lui.
Il a bien observé le sol et y a trouvé les indices que voici.
D'après ce que tu as appris dans les pages précédentes,
quels animaux fréquentent ces bois ?

Réponse : Certainement des rongeurs (crottes), sanglier (empreinte), chouette (pelote de réjection, plume), écureuil (empreinte) et coucou (œuf).

LA VÉGÉTATION

LA FORÊT DE MONTAGNE

On ne trouve pas les mêmes arbres selon que le versant de la montagne est exposé au soleil ou à l'ombre et, selon l'altitude.

En bas de la montagne, les forêts sont composées de feuillus tels que les chênes et les hêtres. Plus haut, poussent les résineux, comme les épicéas, les pins et les sapins. Très haut, seuls les plus résistants au froid s'enracinent : les pins et les mélèzes. À l'approche du sommet, le vent et la neige ne laissent pousser que des arbustes nains.

Sur le versant à l'ombre, la forêt commence plus bas. Sur le côté ensoleillé, l'homme a défriché pour s'installer et pour pouvoir cultiver.

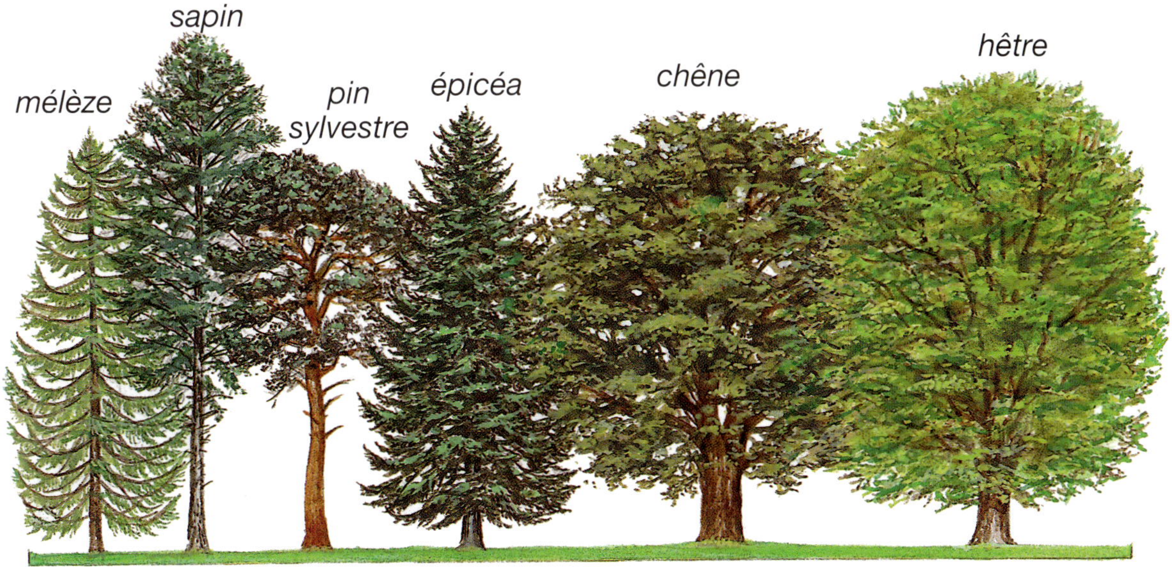

Voici les principaux arbres des régions montagneuses.

Le lynx chasse les chamois, mais aussi les lapins, les campagnols et les mulots.

Le grand tétras se cache au fond de la forêt.

L'hiver, le chamois quitte les alpages pour la forêt.

En hiver, le pelage de l'hermine devient blanc.

Voici quelques animaux des forêts de montagne.

LA FORÊT DU GRAND NORD

On l'appelle forêt boréale ou taïga. Elle fait le tour des zones polaires, couvertes de glace. Elle est parsemée de nombreux lacs.

On y trouve des pins, des épicéas, des mélèzes et des bouleaux blancs. Sur le sol rocheux, poussent des lichens. L'hiver est long et rigoureux, le paysage est alors tout blanc et les lacs sont gelés. L'été, de nombreux insectes peuplent ces forêts.

Beaucoup d'oiseaux quittent les forêts boréales à l'approche du froid et ne reviennent qu'au printemps : ce sont les migrateurs. Ces forêts abritent des animaux robustes qui supportent le très rude climat.

La grue cendrée est un échassier qui parcourt chaque année des milliers de kilomètres.

À la sortie de l'hiver, l'ours a maigri. Affamé, il cherche des petits animaux et des insectes.

Le renne ne fréquente que les forêts du Grand Nord. Au Canada, on l'appelle caribou.

Le loup gris hurle pour réunir la meute avant de partir à la chasse.

Le jeune élan ne quitte pas sa maman.

Le lagopède est blanc en hiver et marron en été.

Les rennes doivent faire attention au loup gris qui rôde. L'ours brun sort chasser après avoir hiberné tout l'hiver, tandis que la grue cendrée rentre d'Afrique et se prépare à couver ses œufs. Le lagopède perd peu à peu son plumage blanc d'hiver.

LA FORÊT MÉDITERRANÉENNE

Les hivers y sont doux et les étés chauds et secs. Les racines des arbres s'enfoncent profondément pour chercher un peu d'eau.

Autour de la mer Méditerranée, les arbres poussent dans un sol pauvre. Les pinèdes sont fréquentes, ce sont des forêts de pins.

Différentes espèces de pins poussent dans ces régions. Ils peuvent être inclinés, comme le pin d'Alep, ou en forme de parasol.

L'été, les forêts méditerranéennes sont souvent dévastées par les incendies. Il faut du temps pour que les arbres repoussent. Le maquis est constitué d'arbustes et de broussailles adaptés à la sécheresse.

Le cèdre est un arbre bien droit, aux teintes bleutées. Le chêne vert ne perd pas ses feuilles en hiver. Avec l'écorce du chêne-liège sont faits les bouchons.

Les lézards, les vipères ou les scorpions apprécient les sols chauds de ces forêts. On y entend la cigale chanter, mais on la voit rarement.

LA FORÊT TROPICALE D'AMAZONIE

Les forêts tropicales se développent dans les milieux très chauds et humides, c'est le cas de l'Amazonie, en Amérique du Sud.

Dans ces forêts, beaucoup d'arbres atteignent 100 m de haut. Au milieu des mousses et des arbrisseaux, des lianes s'enracinent dans le sol et grimpent vers la lumière. Les mangroves sont des forêts qui bordent l'océan, et dont les arbres poussent les pieds dans l'eau.

Les feuilles restent deux à trois ans sur les arbres et ne tombent pas toutes en même temps. Ainsi, la forêt tropicale paraît toujours verte !

Le singe-araignée saute de branche en branche.

L'anaconda s'attaque même aux jaguars !

L'ara se nourrit de graines.

Le toucan adore les fruits !

Le jaguar est un redoutable chasseur.

Le paresseux se déplace peu et très lentement.

La mygale injecte un venin mortel à ses proies.

Le tatou attrape les fourmis avec sa langue gluante.

L'ocelot guette ses proies avant de les attaquer.

La forêt d'Amazonie abrite de nombreux animaux, dont certains ne vivent nulle part ailleurs, comme le paresseux ou le tatou. C'est aussi le domaine de dizaines d'espèces d'oiseaux très colorés, comme les perroquets.

LA NAISSANCE D'UNE FORÊT

Parfois, les arbres se sont développés tout seuls et ont formé une forêt. Mais il arrive aussi que l'homme intervienne.

Les fruits des arbres germent et donnent de jeunes plants.

Les forestiers débroussaillent pour aider les jeunes plants à pousser.

Les arbres qui sont malades ou qui grandissent moins bien sont enlevés. Entre 2 et 25 ans, la forêt se développe, mais elle n'est pas encore adulte. Sur le dessin, le personnage te montre la taille des arbres.

Les forestiers font des éclaircies : ils suppriment des arbres pour que les autres aient plus de lumière et plus de place pour se développer.

Les arbres sont encore assez serrés : ils ont entre 25 et 75 ans.

Il faut environ une vie d'homme pour que naisse une futaie.

Les arbres sont maintenant très hauts et certains chênes ont le tronc bien large. La vieille futaie comporte des arbres de plus de 180 ans ! Il faut entretenir cette forêt régulièrement, faire des coupes, brûler les vieilles branches...

QU'EST-CE QU'UN ARBRE ?

C'est une grande plante avec un tronc, des branches, des feuilles ou des épines. Adulte, il dépasse 7 m de haut, sinon c'est un arbuste.

L'arbre est une plante vivante : il grandit, grossit, se nourrit par les racines, respire et transpire par les feuilles, il donne des fruits...

Les bourgeons *contiennent les nouvelles pousses de l'arbre qui éclosent à chaque printemps.*

Le nœud *est comme une cicatrice, c'est la marque d'une branche tombée ou coupée. Dès que la branche est enlevée, cette blessure doit être traitée pour ne pas que des maladies ou de petites bêtes empoisonnent l'arbre.*

Les radicelles *: ces toutes petites racines pompent l'eau dans le sol et l'envoient vers le tronc, puis vers les branches et les feuilles.*

L'écorce *est la peau de l'arbre. Elle le protège du froid, de la chaleur, de la pluie, du vent, des insectes...*

Le tronc *est constitué du cœur (au centre), des cernes (les anneaux) et de l'écorce. Chaque anneau représente une année. Lorsque le tronc est coupé, on peut connaître l'âge d'un arbre.*

LA NAISSANCE D'UN ARBRE : LE HÊTRE

Parmi les milliers de graines qui tombent de l'arbre, très peu trouveront de bonnes conditions pour germer et se développer.

En automne, une bogue tombe au sol. Des graines se détachent.

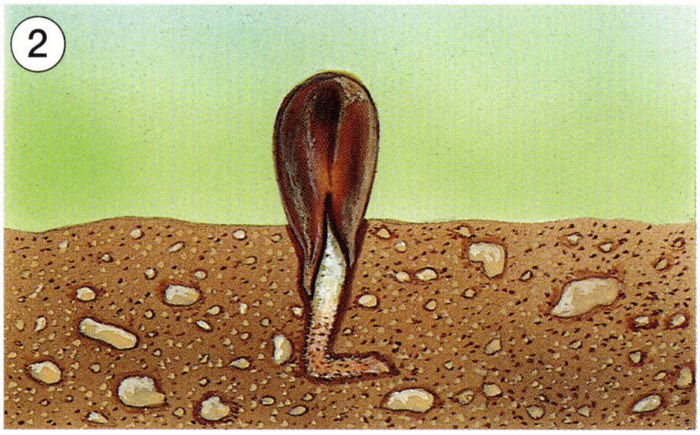

Au printemps, la graine se fend, une racine apparaît.

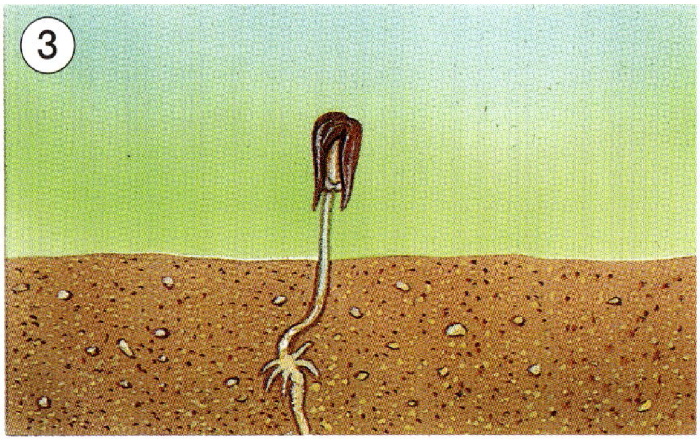

Très vite, la tige grandit, la racine s'enfonce...

Une pousse et des feuilles sont maintenant visibles.

Deux sortes de feuilles épaisses, jusqu'alors repliées, se déploient. Elles vont aider la plante à grandir et à sortir ses premières vraies feuilles.

LA VIE D'UN ARBRE

Un arbre peut vivre pendant des centaines d'années ! Mais parfois, il attrape des maladies et meurt ou il est coupé par les forestiers.

L'arbuste se change peu à peu en arbre. Sa croissance est maintenant moins rapide. Le tronc devient épais, l'arbre est de plus en plus robuste.

Les arbres n'aiment pas les tempêtes : ils peuvent casser !

Le vieil arbre est dangereux. Il est coupé et emmené à la scierie.

UN CHÊNE AUX QUATRE SAISONS

En hiver, peu de sève circule dans l'arbre. Il ne peut plus nourrir ses feuilles. Alors, elles tombent et l'arbre se repose jusqu'au printemps.

En hiver :
le sol est gelé, les racines ne peuvent plus absorber beaucoup d'eau, mais le chêne n'en a pas besoin, car il n'a plus de feuilles à abreuver. Les écailles épaisses des bourgeons sont enduites d'une cire brillante, l'eau glisse et ne pénètre pas.

Au printemps :
les bourgeons s'ouvrent : les écailles s'écartent et les jeunes feuilles apparaissent. Les rameaux s'allongent, le chêne fleurit. Le vent transporte le pollen des fleurs mâles vers les fleurs femelles... Un gland va se former.

Les arbres qui portent des feuilles, contrairement aux sapins, sont appelés des feuillus. À chaque automne, les feuilles tombent. On dit qu'elles sont caduques.

En été :
les feuilles durcissent et deviennent plus foncées. Des nervures parcourent tout le limbe (1) de la feuille et permettent à la sève de circuler. Les jeunes glands grossissent de jour en jour (2).

En automne :
les jours raccourcissent et la sève diminue. Alors, la chlorophylle qui teintait les feuilles en vert disparaît et les feuilles deviennent marron. L'arbre perd ses feuilles et ses glands, qui se détachent.

LE CHARME

Il n'est pas grand et aime se développer au milieu des chênes et des hêtres. Il vit environ 100 ans et donne des fruits dès ses 20 ans.

La feuille est dentée et gaufrée. Elle jaunit en automne.

L'écorce

fleur femelle

chaton mâle

akène

Le pollen du chaton mâle sera transporté par le vent ou par un animal jusqu'à la fleur, qui donnera ensuite un fruit.

Le fruit s'appelle l'akène. Il est entouré d'une sorte de feuille à trois lobes qui tombe de l'arbre en tourbillonnant.

LE HÊTRE

Tous les deux ou trois ans, le hêtre donne des fruits, les faines. Il n'est pas pressé, car il peut vivre jusqu'à 400 ans !

La feuille est bordée d'un duvet blanchâtre lorsqu'elle est jeune.

L'écorce est grisâtre et lisse.

Les fleurs mâles et les fleurs femelles poussent sur la même branche. La fleur femelle se transformera en fruit.

L'enveloppe piquante s'ouvre en quatre parties pour laisser s'échapper deux fruits appelés « faines ».

LE CHÂTAIGNIER

Le châtaignier peut vivre 500 ans. On ramasse ses fruits, les châtaignes, à l'automne pour les déguster grillées ou bouillies.

Chaque nervure de la grande feuille se termine par une dent.

L'écorce est épaisse et craquelée.

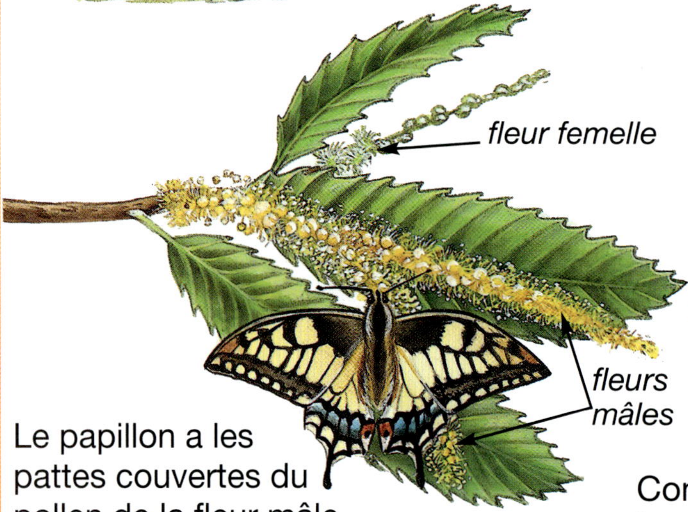

Le papillon a les pattes couvertes du pollen de la fleur mâle. Il se posera ensuite sur une fleur femelle, qui sera fécondée et donnera un fruit.

Contrairement aux marrons, les châtaignes ont un côté plat et une « barbichette ». Elles grossissent dans une bogue épineuse.

LE BOULEAU

Il se reconnaît à son écorce blanche qui se détache en lambeaux.
Il peut vivre jusqu'à 150 ans.

Les bords des feuilles sont dentelés.

L'écorce est fine et blanche.

Au printemps, le chaton femelle est vert et dressé. La chaton mâle est jaune et pendant.

À l'automne, les graines libérées par les chatons ressemblent à des papillons et s'envolent avec le vent.

L'ÉRABLE SYCOMORE

Ce grand arbre peut vivre 400 ans ! Pour s'amuser, on peut coller sur son nez ses fruits en forme d'ailes !

La feuille a 5 lobes, comme les 5 doigts d'une main.

L'écorce

Chacune des minuscules fleurs de cette grappe contient du pollen.

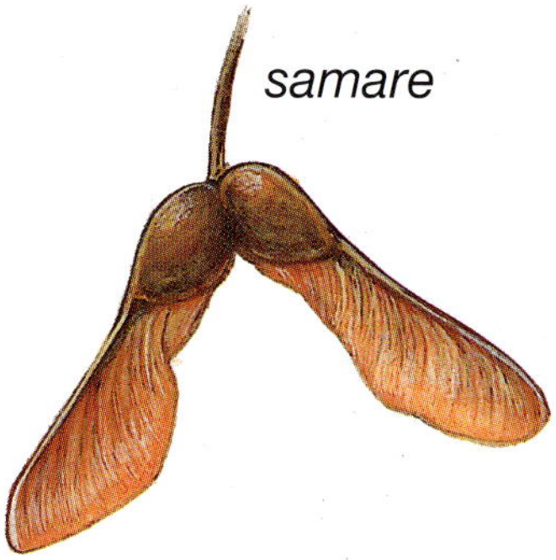

Le fruit s'appelle une samare. On l'appelle aussi « pince-nez » ou « hélicoptère » (elle tourbillonne comme une hélice quand elle tombe de l'arbre).

LE PIN SYLVESTRE

Il grandit très vite et peut vivre 600 ans ! Ses racines s'enfoncent en profondeur dans le sol des forêts montagneuses.

Les aiguilles, un peu tordues, sont attachées deux par deux. Elles ne tombent pas toutes ensemble. Chacune vit environ 3 ans !

L'écorce

Le chaton mâle libère le pollen, que le vent transporte vers le chaton femelle. Il se formera un cône.

Le cône à 1 an...

... à 2 ans.

Le cône est le nom du fruit. Quand il est mûr, ses écailles s'écartent et laissent s'échapper les graines.

L'ÉPICÉA

Poussant en montagne, il est aussi cultivé en plaine et coupé très jeune, car cet arbre est celui que nous appelons « sapin de Noël ».

Les aiguilles sont disposées en spirale autour du rameau. Les jeunes aiguilles sont vert clair et ne piquent pas.

L'écorce

chatons mâles

chatons femelles

Le pollen du chaton mâle se déposera sur le chaton femelle, qui se transformera en fruit.

Le cône pend au bout du rameau. Ses écailles ne sont pas très dures.

LES SAPINS

Il en existe de nombreuses espèces. Les plus vieux peuvent vivre 800 ans. Leurs cônes se dressent vers le ciel.

Leurs aiguilles sont plates. Sous chacune d'elles, on peut voir deux bandes blanches.

L'écorce

chatons mâles

Les chatons mâles, qui portent le pollen, sont jaunes.

chaton femelle

Le cône ne tombe pas quand il est mûr : les écailles partent une à une et libèrent les graines.

LE MÉLÈZE

Ses aiguilles tombent en automne : il peut ainsi supporter les hivers froids en très haute montagne. Il vit plus de 600 ans !

Les aiguilles sont molles et disposées en touffes. En automne, elles jaunissent puis tombent.

L'écorce

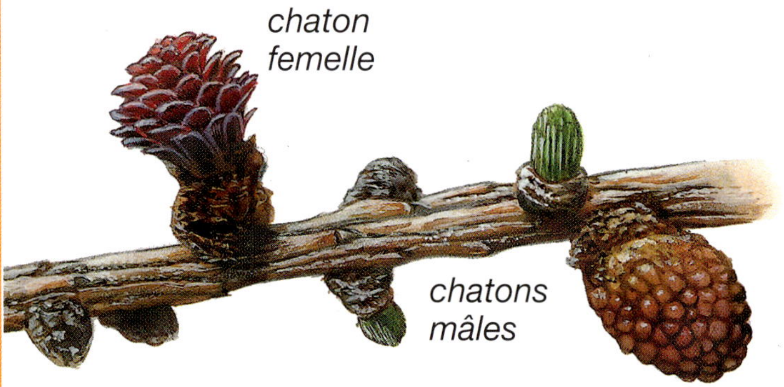

Les chatons mâles, d'abord rosés, deviennent jaunes lorsqu'ils se chargent de pollen. Les chatons femelles sont presque violets.

Le cône est ovale, comme un œuf. Il reste plusieurs années sur l'arbre avant de tomber.

LES MOUSSES ET LES LICHENS

La mousse a besoin d'humidité, mais de peu de lumière.
Le lichen pousse dans les régions où l'air est pur.

Les mousses sont des plantes vertes sans fleurs. Dans les sous-bois, elles tapissent le sol, les souches et parfois l'écorce des arbres. Certaines ressemblent à des tapis d'étoiles, d'autres dressent de petites tiges garnies de feuilles. Elles n'ont pas de vraies racines, mais de petits filaments.

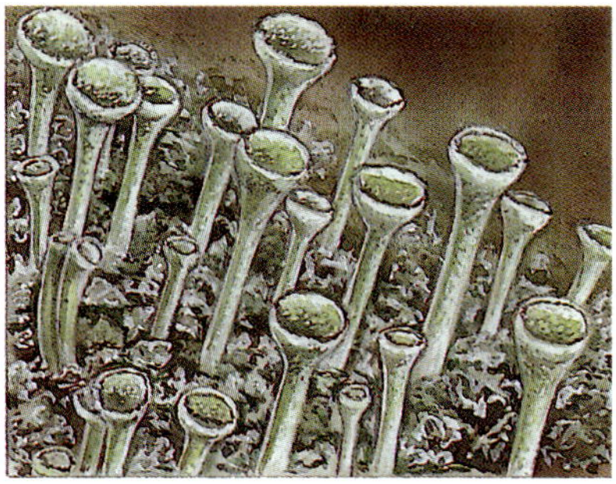

Le lichen forme une croûte gris-vert sur les pierres et l'écorce des arbres. C'est le mariage de l'algue et du champignon. Il ne craint ni le grand froid ni la sécheresse, mais il n'aime pas du tout la pollution ! Ces images montrent des lichens vus de très près.

LE LIERRE ET LE CHÈVREFEUILLE

Ces lianes ont besoin de lumière. Chacune a sa méthode pour grimper sur les arbres et capter le soleil à travers les branches.

Le lierre s'enracine dans le sol puis s'accroche à l'arbre grâce à ses crampons et grimpe le plus haut possible ! C'est l'ami des oiseaux : ils peuvent s'y abriter même en hiver puisque les feuilles restent vertes. Ils sont friands de ses baies noires. Attention, elles sont toxiques !

La tige du chèvrefeuille s'enroule autour des jeunes arbres et des arbustes des fourrés. Ses fleurs couleur ivoire se trouvent au sommet de la tige. Elles dégagent un parfum fort et agréable, surtout le soir, ce qui attire les papillons de nuit !

LE GUI ET LE HOUX

On cueille leurs branches garnies de baies blanches et rouges pour décorer la maison au moment des fêtes de fin d'année !

Le houx pousse dans les sous-bois. Il reste toujours vert, car ses feuilles ne tombent pas toutes en même temps. Elles sont épaisses, luisantes et piquantes, ce qui décourage les insectes attirés par les baies rouges regroupées en grappes.

Le gui est une plante qui se développe lentement. C'est un parasite : les racines sont de véritables « suçoirs » qui pénètrent l'écorce et pompent la sève de l'arbre. Un arbre qui porterait trop de gui pourrait en mourir !

LES CHAMPIGNONS

De la pluie, puis un peu de chaleur... et le champignon se développe. Comme il n'a pas besoin de lumière, il peut pousser dans les sous-bois.

Les champignons peuvent être très variés. Les plus courants sont constitués d'un chapeau sous lequel se trouvent des lamelles, d'un pied et parfois d'un anneau, qui est le reste de sa première enveloppe.

Certains champignons poussent dans des endroits inattendus, sur les arbres, les souches, les pommes de pin, sur d'autres champignons...

À moins d'être avec un adulte qui connaît les champignons, mieux vaut ne jamais les toucher. Si cela t'arrive par inattention, ne porte pas tes doigts à la bouche !

Ces champignons sont comestibles : on peut les cuisiner et les manger. Attention, il ne faut pas les consommer crus !

Il ne faut pas cueillir ces champignons. Ils ne sont pas comestibles : ils rendent très malade. L'amanite tue-mouches est même mortelle !

DES FRUITS ROUGES OU VIOLETS

Voici des fruits que l'on peut trouver dans les sous-bois et les clairières au printemps et en été. On peut en faire d'excellentes confitures !

La mûre est le fruit de la ronce, une plante aux tiges épineuses.

Le framboisier peut pousser le long des chemins forestiers.

La fraise sauvage est toute petite, mais délicieuse.

En mûrissant, les myrtilles passent du rouge au noir bleuté.

Il faut faire attention : toutes les baies colorées ne sont pas bonnes à manger, certaines sont toxiques.

Le sorbier des oiseleurs et l'aubépine portent de belles fleurs au printemps. En hiver, les oiseaux viendront picorer leurs baies rouges.

Les grives adorent les baies juteuses et sucrées du sureau noir.

La merise, fruit du merisier, est une petite cerise sauvage.

LES FLEURS DES BOIS

La plupart d'entre elles sortent dès la fin de l'hiver, lorsque les rayons du soleil les atteignent encore à travers les branches sans feuilles.

Le perce-neige : le premier à fleurir, même si la neige n'a pas fondu. Il est devenu très rare à l'état sauvage.

L'anémone sylvie : en juillet, toutes les fleurs sont tournées vers le soleil et suivent sa course dans le ciel.

La jacinthe des bois : ses petites clochettes bleues tapissent les sous-bois dès le début du printemps.

La petite pervenche : elle pousse sur de longues tiges qui rampent au sol.

La violette des bois : ses pétales sont très allongés, tandis que ses feuilles ont un léger duvet.

Le muguet : ses petites fleurs blanches en forme de clochettes répandent un parfum délicat.

Le narcisse des bois : on l'appelle souvent jonquille. Il a une fleur en forme de trompette.

Attention de bien se laver les mains après avoir touché des fleurs : elles peuvent rendre malade. La digitale est par exemple très toxique !

La primevère élevée : elle s'appelle aussi « coucou des bois ». Ses fleurs sont groupées en haut de la tige.

La stellaire : sa fleur blanche ressemble à une étoile. On l'appelle aussi « langue d'oiseau ».

Le sceau de Salomon multiflore : cette plante à clochettes peut vivre jusqu'à 20 ans !

L'ail des ours : il dégage en effet une forte odeur d'ail et peut s'utiliser dans une sauce.

L'euphorbe des bois : ses fleurs minuscules se confondent avec les feuilles. Elle est très toxique.

La campanule gantelée : la tige qui porte ses grappes de fleurs bleues ou mauves est toute poilue.

La digitale : ses clochettes fleurissent en été dans les champs ensoleillés.

LES PLANTES DE LA MARE

Au milieu de la forêt ou dans une clairière, on découvre parfois une mare ou un étang qui abrite des plantes.

1 **Le nénuphar** prend racine dans la vase, puis ses tiges gagnent la surface. Ses feuilles épaisses flottent et ses larges fleurs s'épanouissent.

2 **Les lentilles d'eau** ont de minuscules racines qui traînent dans l'eau et absorbent ce dont elles ont besoin.

3 **Les fleurs de la renoncule aquatique** sortent de l'eau au sommet de leur tige.

4 **Le roseau commun :** ses fleurs sont réunies au bout d'une très longue tige.

5 Les fleurs du **jonc fleuri** s'épanouissent au bout de la tige.

6 **Les massettes** se reconnaissent à leur épi brun.

7 **Le rubanier** porte de petites fleurs, certaines sont rondes et d'autres hérissées de pointes.

ASSOCIE

Retrouve pour chacun de ces fruits à quel arbre il appartient.
Les bonnes réponses te sont données au bas de la page.

A - Houx

B - Châtaignier

C - Chêne

D - Érable

E - Hêtre

F - Épicéa

G - Pin sylvestre

Réponses : 1 - D ; 2 - G ; 3 - A ; 4 - E ; 5 - C ; 6 - B ; 7 - F

CHERCHE L'INTRUS

Dans chaque groupe de dessins, cherche l'image qui n'appartient pas à la famille désignée.

1 - Feuillus :

2 - Forêt tropicale :

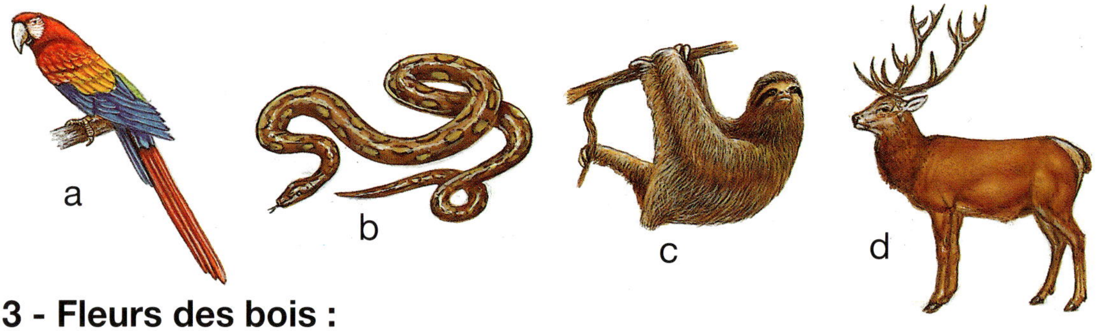

3 - Fleurs des bois :

4 - Plantes de la mare :

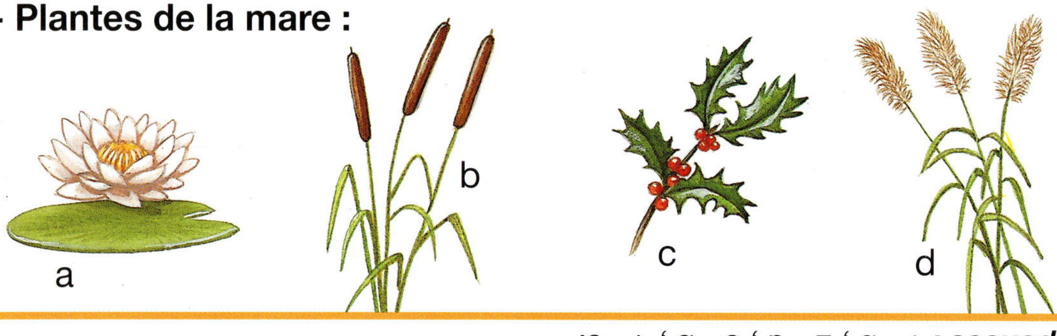

Réponses : 1 - b ; 2 - d ; 3 - b ; 4 - c.

GRANDIR EN FORÊT

LA NAISSANCE DE LA LIBELLULE

Ce bel insecte qui survole les mares et les étangs a d'abord vécu dans l'eau sous forme de larve pendant deux à trois ans.

La femelle rencontre un mâle. Ils s'accouplent. Elle porte des œufs. Elle cache ensuite chaque œuf dans un morceau de bois mort.

De chaque œuf sort une larve qui plonge tout de suite dans l'eau. Elle se nourrit de petits poissons, de vers... qu'elle attrape grâce à sa mâchoire inférieure. Elle mesure alors de quelques millimètres à 5 cm.

Quand la jeune libellule sort de la larve, ses ailes sont toutes chiffonnées. Mais, peu à peu, le sang se met à circuler dans les petits tubes qui les parcourent et les ailes durcissent.

La larve sort de l'eau et s'installe sur une tige solide. La peau de la larve se fend et, lentement, une libellule se dégage.

Elle doit encore laisser sécher ses ailes quelques heures avant de pouvoir s'envoler. Son corps prend ensuite de jolies couleurs.

PRÉPARATION DU NID

Le nid est caché dans les branchages. Ainsi, les œufs puis les oisillons sont à l'abri du froid et des animaux qui voudraient les attraper !

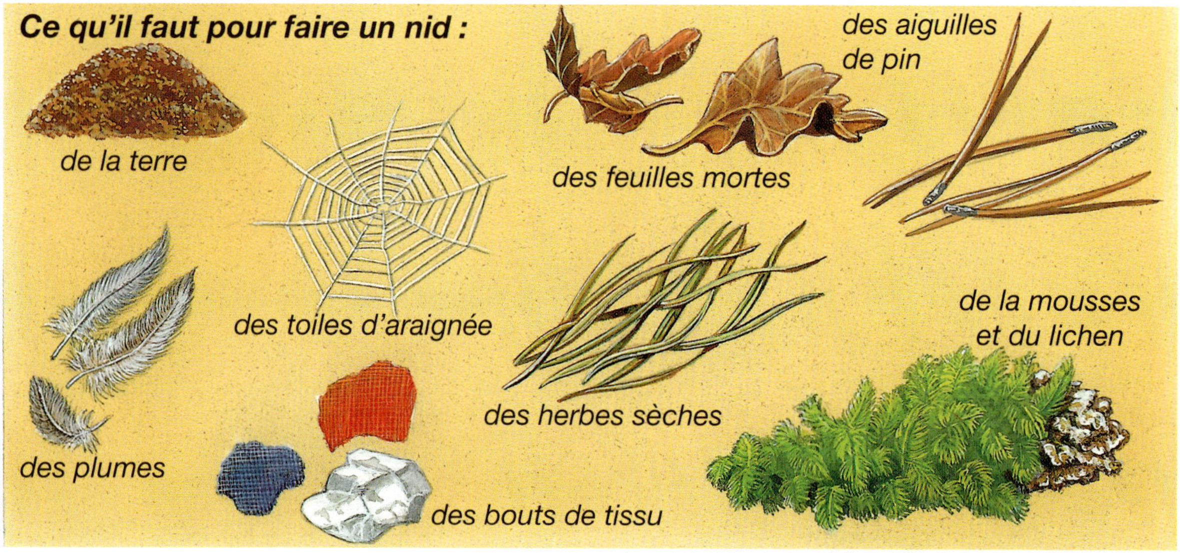

Parfois, le mâle choisit l'emplacement, mais c'est souvent la femelle qui construit le nid. Avec son bec et ses pattes, elle choisit différents éléments pour le fabriquer, même des morceaux de tissu trouvés à terre.

Selon les oiseaux, la forme et la composition des nids varient. Celui du troglodyte (à gauche) est fait de mousse, de feuilles, de plumes et d'herbe sèche. La mésange à longue queue (à droite) tisse de la mousse, du lichen et des toiles d'araignée.

NAISSANCE CHEZ LES ROUGES-GORGES

C'est maman rouge-gorge qui prépare le nid. Le plus souvent, elle le cache au pied d'une haie. Il arrive qu'elle se serve d'un ancien nid.

Le nid est fait de feuilles mortes entremêlées de petites racines.

Au printemps, la femelle pond cinq, six ou sept œufs.

Elle les couve pendant 14 jours. Le mâle lui apporte à manger.

Pendant 15 jours, les parents donneront la becquée aux petits.

LES BÉBÉS CHOUETTE

La chouette hulotte ne fait pas son nid. Généralement, elle choisit un trou d'arbre. Elle y pond ses œufs au début du printemps.

La maman couve les œufs pendant quatre semaines : ils ne doivent pas rester au froid.

Le poussin chouette a cassé la coquille avec la pointe dure qu'il porte au bout du bec : le diamant.

Les poussins grandissent vite : la maman leur apporte un campagnol qu'ils avalent d'un seul coup !

Les jeunes chouettes ont un mois. Serrées les unes contre les autres, elles attendent le retour des parents.

L'HISTOIRE DU COUCOU

Le bébé coucou ne connaîtra jamais sa maman. Et pourtant, quand il sera grand, il aura lui aussi besoin d'un nid, et il fera comme elle !

Maman oiseau couve ses œufs. Maman coucou, de loin, guette son départ.

Maman coucou enlève un des œufs, pond le sien parmi les autres et part.

Maman oiseau ne s'aperçoit de rien. Elle couve tous les œufs.

Bébé coucou sort de son œuf et jette les autres hors du nid. Il a de la place !

Maman oiseau nourrit le bébé coucou, qui grossit énormément.

Bébé coucou est devenu grand. Il quitte le nid et vole tout seul vers l'Afrique.

LES PARENTS PICS ÉPEICHES

Papa pic épeiche tape avec son bec sur un arbre pour indiquer qu'il a trouvé où creuser un nid. C'est un signal pour attirer une maman.

Papa et Maman creusent leur nid dans le tronc d'un arbre. Il leur faudra une quinzaine de jours environ.

Au mois de mai, Maman pond de 4 à 7 œufs. Les parents les couvent à tour de rôle pendant environ 12 jours.

À l'éclosion, les petits sont nus et aveugles. Le jour, les parents se relaient pour les nourrir, mais c'est Papa qui passe la nuit près d'eux. Les petits seront prêts à s'envoler vers l'âge de 20 jours.

CHEZ LES CHEVREUILS

Pendant l'hiver, les parents restent ensemble, mais, quand le printemps arrive, Papa s'en va et Maman élève seule ses petits.

Au mois de mai, la chevrette donne naissance à deux faons, un mâle et une femelle. Pour les allaiter, elle se met à l'abri. Lorsqu'elle part chercher de la nourriture, elle cache ses petits, encore tachetés de blanc, au milieu des grandes herbes.

Rapidement, le jeune chevreuil prend des forces. Au bout de quinze jours, il est capable de s'enfuir à toute vitesse. On peut apercevoir son petit derrière blanc.

LES CERFS ET LES BICHES

En automne, le cerf cherche à séduire les biches. Il pourra en rassembler plusieurs autour de lui et vivra avec elles jusqu'en hiver.

Le cerf appelle les biches et avertit de son cri les autres cerfs : c'est le brame. Parfois, deux mâles s'affrontent pour les mêmes biches.

Le bébé du cerf et de la biche, le faon, naît au printemps. Il tétera Maman jusqu'en été. Pendant quelques semaines, son pelage est tacheté.

LES JEUNES MÂLES DE LA HARDE

Le troupeau de biches s'appelle la harde. La biche la plus âgée veille sur les femelles, les bébés faons et les jeunes mâles.

Les premiers bois du faon mâle apparaissent à un an. Ils ne sont pas en bois mais en os ! On ne voit d'abord que deux petites bosses (1), puis les bois grandissent (2). Désormais, ils vont tomber chaque hiver et repousser avec plus de branches.

Pendant leur croissance, les bois sont protégés d'une peau couverte de poils très fins : c'est le velours. Quand ils cessent de grandir, cette peau sèche et part en lambeaux.

LA FAMILLE SANGLIER

La maman sanglier, la laie, peut avoir de quatre à douze marcassins. Au bout de six mois, les rayures visibles sur leur dos disparaissent.

Pour installer ses petits, la laie a choisi un endroit tranquille, souvent un fourré. Elle creuse un trou qu'elle garnit d'herbes, de feuilles et de brindilles. Quand il tète le lait de sa maman (pendant 3 mois environ), un marcassin a toujours la même place.

Lors des premières promenades, maman sanglier est très attentive. Elle veille sur sa petite famille et est capable de charger quiconque approcherait ses marcassins de trop près !

LA COMPAGNIE

Le groupe des sangliers, des laies et des marcassins s'appelle une compagnie. Les mâles les plus âgés vivent en solitaires.

En regardant leurs parents, les petits apprennent à faire leur toilette. Les sangliers ont de drôles de manières ! Ils se roulent dans un bain de boue, la souille, puis une fois secs, se frottent contre un arbre. Les petites bêtes qui étaient cachées dans les poils tombent avec la boue sèche !

Pour dormir tranquillement à l'abri, chaque sanglier s'installe dans un creux appelé la bauge, souvent située derrière un buisson. C'est là qu'il passe une grande partie de la journée.

LA RENARDE ET SES PETITS

La renarde protège ses petits. Si elle les sent en danger, elle les appelle en glapissant et tout le monde rentre au terrier !

Cette maman renarde a pris pour domicile un terrier creusé par un lapin ! Elle a donné naissance à quatre renardeaux. Papa renard revient de la chasse. Il doit nourrir la femelle, qui reste nuit et jour au terrier avec ses petits.

Les renardeaux, nés en avril, sortent au bout d'un mois environ. Ils adorent jouer et maman en profite pour leur apprendre à chasser. L'automne venu, ils seront prêts pour quitter leurs parents et chercher, chacun de son côté, un territoire de chasse.

LES LOUVETEAUX

Seuls le mâle et la femelle les plus forts de la meute auront des petits.
Ils resteront ensemble toute leur vie.

À l'abri dans sa tanière, la louve a mis au monde ses bébés. Pendant plusieurs semaines, elle reste auprès d'eux pour les allaiter. Puis les louveteaux sortent et découvrent le monde. Quand l'un d'eux se croit perdu, il hurle après ses frères.

Les louveteaux suivent leur mère. Âgés de quelques mois, ils restent seuls à s'amuser pendant que la meute part chasser. C'est au bout d'un an que les jeunes loups devront chercher un nouveau territoire, où ils formeront une meute.

L'OURSE ET SES PETITS

Le papa et la maman ours se rencontrent au printemps. Puis ils se séparent. Pendant deux ans, la maman s'occupera seule des bébés.

Les petits naissent en hiver dans la tanière. Ils sortent au printemps à l'âge de 3 mois. Leur maman leur apprend à trouver des racines, des insectes...

Dès qu'elle sent un danger, elle les fait grimper aux arbres.

À 2 ans, les oursons quitteront leur mère et passeront l'hiver ensemble.

SAURAIS-TU LES RECONNAÎTRE ?

Peux-tu retrouver le blaireau, le mulot, l'écureuil, la belette, le chevreuil, le hibou, le loir, la martre et le cerf ?

Réponses : *1 - La martre. 2 - Le hibou. 3 - Le loir. 4 - Le mulot. 5 - L'écureuil. 6 - La belette. 7 - Le blaireau. 8 - Le cerf. 9 - Le chevreuil.*

DES TOUT-PETITS ET DES TRÈS GROS !

Les animaux de la forêt ont des tailles très différentes. Parmi ceux qui sont représentés ci-dessous, quel est le plus petit ? Et le plus gros ?

Réponses : *La libellule est le plus petit et le plus léger de ces animaux. L'ours brun mâle peut peser 200 kg !*

SE CACHER EN FORÊT

LES OISEAUX DES BOIS

Au printemps, on les entend chanter, mais on les voit rarement, car ils s'abritent derrière les haies et les branches.

Le bouvreuil pivoine niche sur les branches basses des arbres.

Chez les pinsons, c'est le mâle qui a les plus belles couleurs !

L'hypolais polyglotte est doué, il imite le chant des autres oiseaux.

La bécasse des bois sort la nuit pour attraper des insectes.

Certains oiseaux installent leur nid à la cime des arbres. D'autres préfèrent les branches basses, ou des endroits discrets, à même le sol.

L'hiver, le rossignol quitte son fourré et part vers l'Afrique.

La fauvette grisette préfère les haies en lisière de bois.

Le pouillot siffleur installe son nid au sol, où on le voit sautiller.

Le mâle et la femelle linottes aiment nicher dans les haies.

LE CHÊNE ET SES HABITANTS

Les glands attirent de nombreux animaux. Mais seuls les chênes âgés d'au moins 50 ans produisent des glands !

La chenille de ce beau papillon roux, appelé bombyx du chêne, vit sur cet arbre.

Le processionnaire du chêne est un papillon dont les chenilles abîment l'arbre.

Le balanin perce le gland avant d'y déposer son œuf. Une larve sort de celui-ci et se nourrit de l'intérieur du gland.

Le geai des chênes fait des réserves de glands. C'est sa principale nourriture.

Le loir, l'écureuil et le sanglier apprécient également beaucoup les fruits du chêne : ils viennent souvent se promener sous cet arbre.

LE PIN ET SES HABITANTS

Certains animaux se régalent des cônes du pin. Alors, ils s'installent dans leur arbre préféré et n'ont plus qu'à se servir.

Les chenilles processionnaires du pin sortent à la queue leu leu pour chercher à manger.

Le bec-croisé aime les graines de cône.

Le sphinx du pin est un papillon. De ses œufs sortent des chenilles qui se nourrissent d'aiguilles de pin.

Le charançon du pin se nourrit de l'écorce et fragilise l'arbre.

Une fourmilière s'est développée au pied du pin. La couche formée par les aiguilles qui sont tombées constitue une bonne protection.

CACHÉS SUR L'ÉCORCE DES ARBRES...

De nombreux insectes vivent sur les troncs. La plupart y pondent leurs œufs, et les larves qui en sortent grignotent le bois de l'arbre.

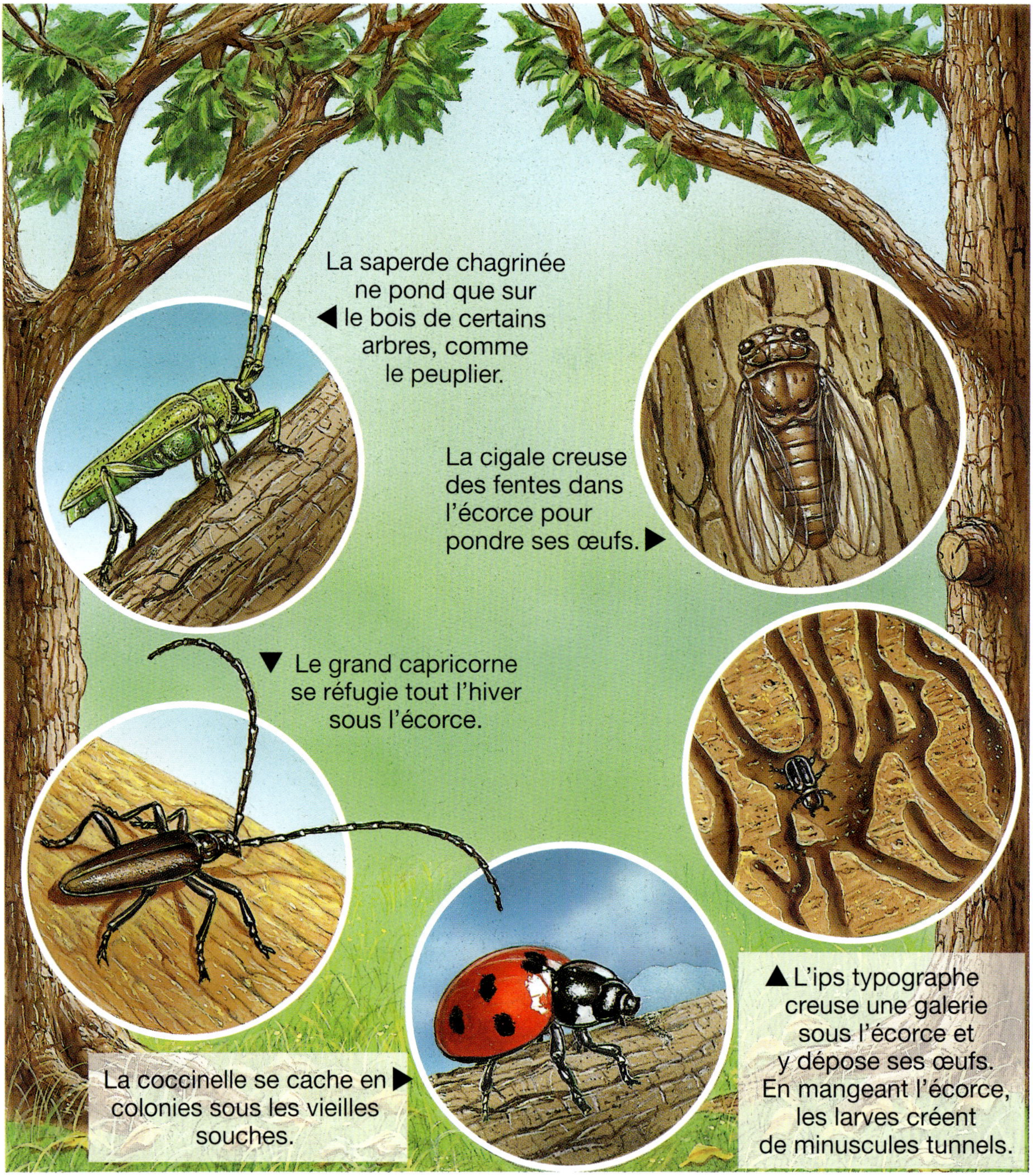

◀ La saperde chagrinée ne pond que sur le bois de certains arbres, comme le peuplier.

La cigale creuse des fentes dans l'écorce pour pondre ses œufs. ▶

▼ Le grand capricorne se réfugie tout l'hiver sous l'écorce.

La coccinelle se cache en colonies sous les vieilles souches. ▶

▲ L'ips typographe creuse une galerie sous l'écorce et y dépose ses œufs. En mangeant l'écorce, les larves créent de minuscules tunnels.

... ET SUR LE SOL DE LA FORÊT

Des millions de petites bêtes se cachent dans les feuilles mortes, le bois mort et les buissons. En voici quelques-unes.

▲ Le cloporte se cache sous une écorce ou sous une pierre.

▲ Le carabe doré recherche les escargots ou les limaces.

▲ La punaise des bois grimpe sur les buissons.

◀ Le nécrophore recherche les cadavres d'animaux.

L'iule mange les feuilles mortes et le bois mort. ▶

Le faucheux se déplace à l'aide de ses grandes pattes. ▼

La limace glisse pour aller brouter les feuilles. ▼

Les collemboles se régalent des débris qui se décomposent au sol. ▼

LA FOURMILIÈRE

C'est le nid des fourmis. Elles y vivent très nombreuses en s'organisant avec une grande précision : à chacune son travail !

1 À l'entrée, les fourmis-soldats font le guet. Elles se reconnaissent entre elles à leur odeur et ne laissent pas entrer les étrangères.

2 Celles-ci sont chargées d'aller chercher la nourriture. Elles répandent une odeur sur leur trajet pour retrouver le chemin de la fourmilière.

3 Les jeunes fourmis s'occupent des œufs. Pour qu'ils ne moisissent pas, elles les enduisent de salive en les léchant constamment.

4 La reine pond toute la journée. Les jeunes fourmis lui apportent à manger.

5 Ces fourmis font le ménage : elles sortent avec les débris.

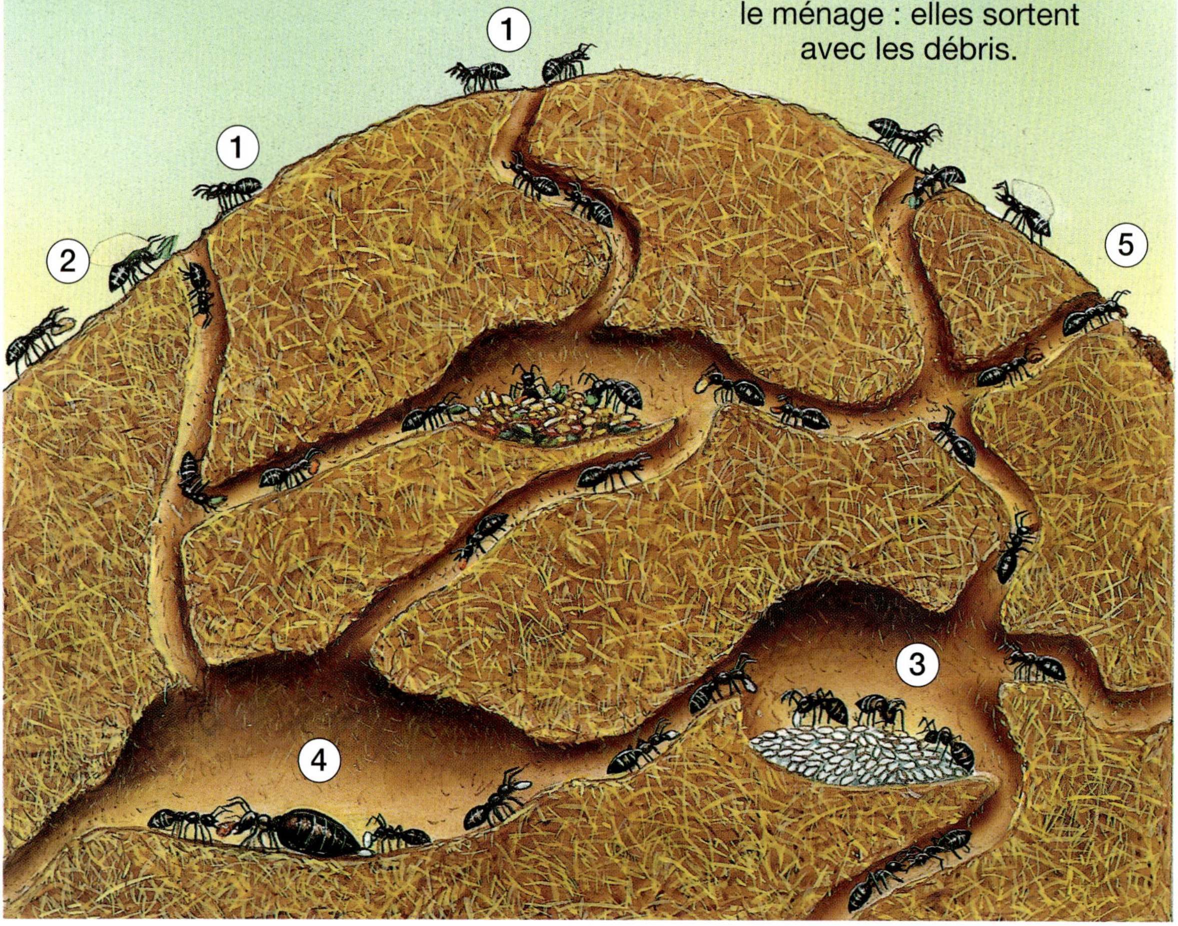

GROS PLAN SUR LES FOURMIS

Il existe d'innombrables espèces de fourmis, comme la fourmi noire ou la fourmi rousse. Toutes vivent en société.

Voici une ouvrière. Ses deux mandibules, placées de part et d'autre de la bouche, servent à transporter la récolte ou à déchiqueter la nourriture.

Chez les fourmis rousses, seuls les reines et les mâles ont des ailes. La reine se les arrache avant de pondre.

La fourmi à miel stocke dans son abdomen le nectar rapporté par la colonie en cas de pénurie de nourriture.

SOUS TERRE

Il n'y fait ni trop chaud ni trop froid. Certains animaux s'y cachent pour dormir. D'autres y pondent leurs œufs à l'abri des gourmands !

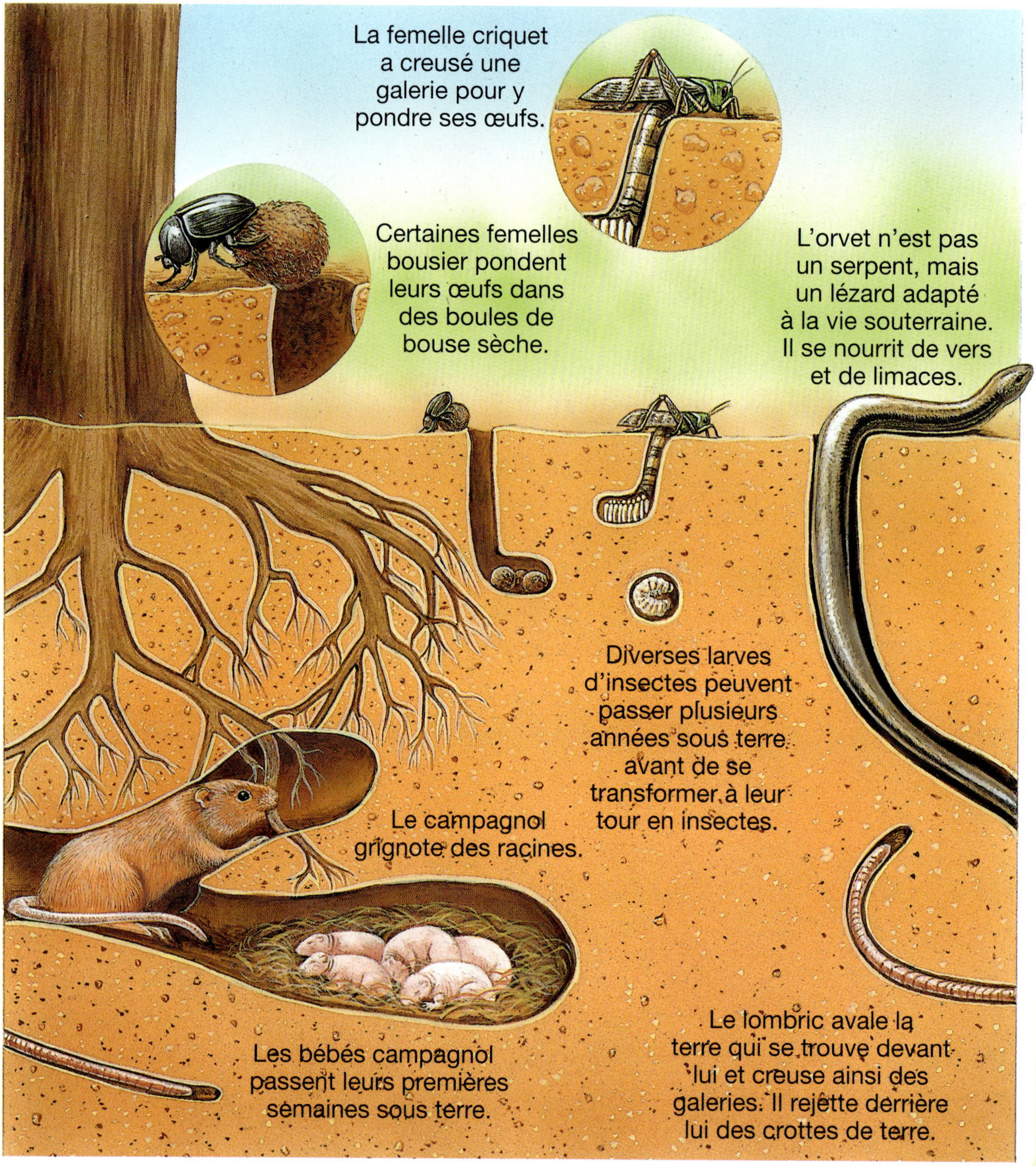

LES GALERIES DU BLAIREAU

Papa et maman blaireaux peuvent vivre ensemble pendant vingt ans ! Ils aménagent confortablement les galeries où ils élèvent leurs petits.

Avec leurs griffes puissantes, les blaireaux creusent des galeries sur plusieurs étages. Ils prévoient une chambre pour les parents, une chambre pour les petits et plusieurs sorties. Les bébés blaireaux apprennent à faire leurs besoins à l'extérieur.

Mousses, herbes et brindilles couvriront le sol de la chambre.

Le blaireau dort beaucoup l'hiver. Il sort parfois pour boire.

LA FORÊT LE JOUR

Comme les humains, ces animaux dorment pendant la nuit. Quand le soleil brille, ils sortent chercher de la nourriture.

LA FORÊT LA NUIT

Ces animaux-là préfèrent sortir à la tombée du jour ou en pleine nuit. La forêt n'est jamais complètement déserte et silencieuse !

HIBERNER PENDANT L'HIVER

Certains animaux dorment tout l'hiver et se réveillent au printemps, avec la nature. Ainsi, ils ne souffrent ni du froid ni de la faim.

Le hérisson dort dans un nid d'herbe, de feuilles et de mousse. Il sort parfois.

Le loir passe tout l'hiver dans le trou de l'arbre qu'il a choisi.

Le lérot hiberne roulé en boule dans son nid de brindilles, bien au sec.

Le blaireau est à l'abri dans une des chambres de son terrier.

L'escargot ne se nourrit plus et ferme sa coquille avec sa bave.

La couleuvre et le crapaud s'enfouissent sous la terre.

SE NOURRIR EN FORÊT

LES ANIMAUX MINUSCULES

Regarde bien, le sol de la forêt est jonché de feuilles mortes, de fruits, de graines, de débris d'arbres...

Ce qui tombe au sol se mélange à la terre et forme l'humus.

Les vers de terre se chargent de mettre les feuilles en miettes...

Des vers encore plus petits dévorent le cœur des feuilles.

Puis des animaux minuscules se nourrissent de tous les débris.

SE NOURRIR DANS LA MARE

Certains animaux y cherchent leur nourriture ou viennent y pondre : les larves qui sortent des œufs trouvent facilement à manger.

L'hydromètre dévore les moustiques, tandis que le dytique et le notonecte se régalent de têtards. Le gerris mange les toutes petites bêtes qui sont à la surface, alors que la crevette d'eau douce récupère ce qui tombe au fond sur les graviers.

LE MULOT ET LE CAMPAGNOL

Le mulot a un museau pointu, de grandes oreilles et une longue queue. Le campagnol roussâtre a un museau arrondi et une queue courte.

Le mulot (1) et le campagnol (2) rongent les coques des noisettes avant de grignoter le fruit. En automne, ils se régalent aussi de champignons. L'hiver, ils mangent les fruits qu'ils ont stockés dans leur terrier et trottinent sous terre, dans des galeries, à la recherche de racines.

Cette nuit, le mulot est sorti chercher de la nourriture, mais ce matin, il dort profondément, tandis que le campagnol ronge une écorce d'arbre.

LE MUSCARDIN, LE LÉROT ET LE LOIR

Ces rongeurs ont presque le même menu et craignent la belette, le renard, la chouette et le hibou.

1 - Le muscardin grimpe sur les buissons pour grignoter les fruits. Il aime aussi les insectes.

2 - On dirait que le lérot porte un masque noir. Il aime les fruits, mais aussi les vers, les araignées, les limaces et les insectes. Il s'attaque parfois à des oisillons puis s'installe dans leur nid.

3 - Le loir a une jolie queue touffue. Il dort une grande partie de la journée dans un arbre creux ou encore dans le nid de l'écureuil. Il aime les fruits, les bourgeons, les glands, les faines, les noisettes, les champignons et aussi les écorces.

LE HÉRISSON

Le hérisson dort tout l'hiver, bien au chaud dans son nid. Mais, d'avril à octobre, il sort chaque nuit chercher son repas.

Le hérisson trouve facilement sa nourriture, même si elle est cachée : il entend très bien et il a un excellent odorat. Son menu est constitué de vers de terre, d'araignées, de limaces, de souris, de serpents, de grenouilles, d'œufs...

Le hérisson ne craint personne, même pas le renard : pour se protéger d'un danger, il se met en boule et hérisse ses milliers de piquants.

LA BELETTE

Sans compter la queue, la belette n'est pas plus longue qu'une main d'homme. Elle peut se faufiler partout, même dans un trou de souris.

Debout sur ses pattes arrière, la belette est aux aguets : elle craint le renard et la chouette. Elle se mettrait bien sous la dent un mulot, un oiseau, un serpent ou une grenouille. Mais, elle peut se contenter d'œufs ou d'insectes.

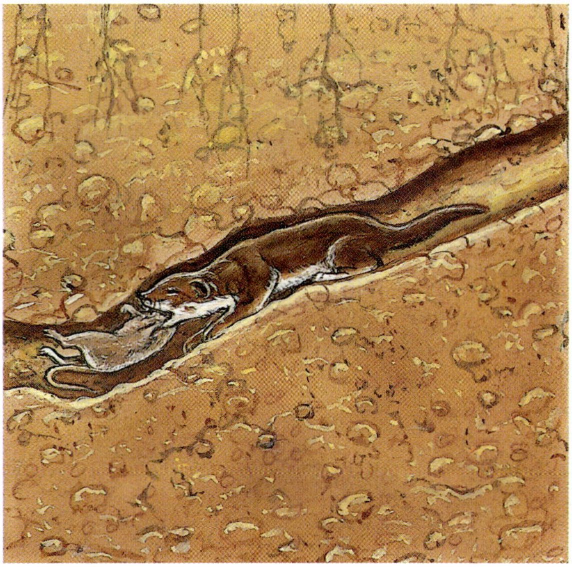

La belette a repéré la galerie du mulot. Elle rampe à sa poursuite, s'étire de tout son long, le rattrape, le saisit par la nuque et le croque !

LES CHAUVES-SOURIS

Elles volent et pourtant ce ne sont pas des oiseaux : elles n'ont pas de plumes et ne pondent pas d'œufs !

Les chauves-souris chassent la nuit. Elles font des cercles au-dessus de leurs proies avant de plonger pour les capturer. Elles mangent des insectes, des papillons et même des scorpions !

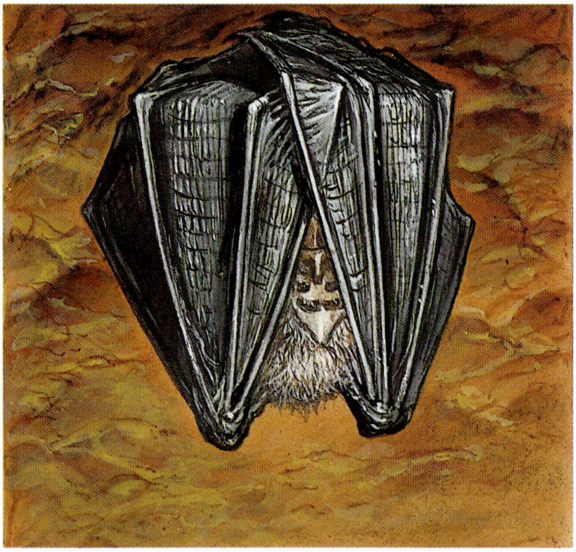

L'hiver, la nourriture est rare. Alors, les chauves-souris se rassemblent pour hiberner. Elles s'accrochent solidement avec leurs griffes à une branche ou aux parois d'une grotte, elles replient leurs ailes autour de leur corps et s'endorment tête en bas.

CHOUETTES ET HIBOUX À LA CHASSE

Ils chassent de nuit et y voient aussi bien qu'en plein jour. Ils entendent le moindre bruit et saisissent leur proie grâce à leurs griffes acérées.

La chouette hulotte prend son envol puis plonge sur le mulot. Elle se nourrit aussi de grenouilles, crapauds, serpents, petits oiseaux...

Le hibou a deux aigrettes de plumes sur la tête. Il immobilise ses proies avec ses griffes recourbées. Les ailes écartées, il mesure 1,70 m.

LES MÉSANGES

Ces petits oiseaux très colorés dépensent beaucoup d'énergie pour se nourrir : ils picorent toute la journée.

Il existe plusieurs espèces de mésanges. Elles se nourrissent toutes de graines et de baies. Avec leur bec, elles réussissent à percer la coque d'une noisette. L'été, elles attrapent aussi des insectes, des larves et des chenilles.

Les mésanges font parfois des acrobaties pour quelques baies !

L'épervier est leur ennemi. Il les pourchasse pour son repas.

LES REPAS DU PIC ÉPEICHE

Le pic épeiche travaille tellement avec son bec qu'il finirait par l'user. Heureusement, le bec pousse en permanence, comme un ongle.

Le pic épeiche coince une pomme de pin dans le creux de l'écorce d'un arbre, il enlève les écailles et mange les graines. Pour grimper, il s'accroche avec de puissantes griffes qu'il a au bout des pattes. Quand il s'arrête, il s'appuie sur les plumes de sa queue.

Avec sa langue gluante terminée par de petits crochets, il attrape les larves qui se sont logées dans l'écorce.

Parfois, il redescend et marche, le bec au ras du sol, à la recherche d'insectes et de fourmis pour varier le menu.

LA SITTELLE

La sittelle est agile. Elle se déplace très vite sur les troncs. C'est le seul oiseau qui peut descendre le long d'un arbre tête en bas.

La sittelle a rapporté une noisette dans son bec. Pour l'ouvrir, elle la coince dans un creux de l'écorce. Bien agrippée au tronc, elle frappe la noisette avec le bec pour la percer. Puis elle attrape l'amande par le trou et la picore.

La sittelle cache des noisettes dans les creux de l'écorce ou encore sous des feuilles mortes.

La sittelle attrape aussi des insectes qu'elle déniche sur les troncs. Puis elle les donne à manger à ses petits.

LE BEC-CROISÉ ET LE GEAI DES CHÊNES

Ils vivent là où leur nourriture préférée est abondante : le bec-croisé fait son nid à la cime des pins et le geai dans les chênes.

Son nom lui vient de la forme particulière de son bec. C'est en effet l'un des seuls oiseaux au monde à posséder ce curieux bec. Grâce à cet outil précieux, il soulève l'écaille d'un cône, puis il saisit la graine avec sa langue.

Le geai des chênes adore les glands : il en stocke plusieurs dans une poche de peau située sous son bec. Puis il les dépose dans un endroit calme, casse la coque et les mange ! Il fait aussi des réserves pour l'hiver et cache ses glands dans des trous.

LES REPAS DE L'ÉCUREUIL

Ses dents poussent tout le temps. Il les use en rongeant. Avec ses incisives, il perce la coque des fruits et la fait éclater.

Avec ses dents, l'écureuil décroche un cône sur un épicéa. Il s'attaque aux écailles du bas, les plus faciles à arracher. Puis il ronge les autres écailles jusqu'à ce qu'il atteigne les graines. Il laisse les restes de son repas au pied de l'arbre.

En automne, l'écureuil se régale de noisettes, de glands, et même de mûres et de champignons. Il fait aussi quelques réserves pour l'hiver. Au printemps, il lui arrive de voler des œufs dans les nids des oiseaux.

LA MARTRE

La martre chasse de petits animaux. Elle se nourrit aussi d'insectes et de fruits. Elle dort dans le nid d'un oiseau ou d'un écureuil.

C'est la nuit. La martre part chasser. Pour marquer son territoire, elle dépose des crottes et de l'urine sur les souches d'arbre. Grâce à son odorat, elle repère les oiseaux et les attrape alors qu'ils dorment au creux d'un nid ou d'un tronc d'arbre.

La martre a surpris un écureuil pendant son sommeil. Il n'a malheureusement pas beaucoup de chances de lui échapper, car elle est aussi agile que lui et peut le rattraper même lorsqu'il saute de branche en branche.

LE BLAIREAU

Il peut se nourrir sous terre. Mais, la nuit, il aime pointer le museau hors de son terrier pour partir chercher de bonnes choses à manger.

En creusant ses galeries, le blaireau fait son repas de vers de terre, mulots, campagnols, taupes, lapereaux. Il peut avaler 200 vers de terre dans la nuit ! Il lui arrive de manger des vipères : il ne craint pas leur venin.

Toute la famille sort se promener. C'est à qui repérera le plus vite les limaces ou les œufs ! Avec leurs grosses griffes, les petits apprennent à déterrer des racines et des bulbes de plantes.

LE TERRITOIRE DE CHASSE DU RENARD

Le renard chasse la nuit. Il reconnaît parfaitement l'odeur de ses proies et il entend très bien. Le jour, il se repose dans son terrier.

Le renard chasse sur un grand territoire. Pour montrer qu'il est chez lui, il laisse ses marques : de l'urine, des crottes... Ou alors, il frotte sur les arbres les parties de son corps où se trouvent des « glandes à odeur » : son dos, ses pattes, la base de sa queue...

Il se nourrit de campagnols, de mulots, de jeunes oiseaux, de lapereaux. Il se régale aussi de framboises et de myrtilles. Parfois, pour attirer et capturer, entre autres, les corbeaux, il lui arrive de faire le mort.

AU MENU DES CERFS ET DES CHEVREUILS

Ils ont des goûts semblables, mais les chevreuils, plus petits, se faufilent partout et font les difficiles : ils choisissent leur menu !

Le cerf cherche sa nourriture la nuit. Le jour, il se cache dans une « reposée ». Selon les saisons, il mange des feuilles d'arbre, des glands, des faines, des châtaignes. Parfois, il arrache même des morceaux d'écorce.

Le chevreuil aime les bourgeons, les jeunes pousses, les feuilles de ronces et aussi les noisettes ! Il dort peu mais passe des heures à ruminer : il fait remonter dans sa bouche la nourriture mangée pendant la journée et la mastique bien avant de l'avaler à nouveau.

L'OURS : UN GROS MANGEUR !

Même s'il en sort parfois, l'ours passe une grande partie de l'hiver endormi dans sa tanière. Au printemps, il est maigre et affamé.

Dans la souche de l'arbre, l'ours recherche guêpes, abeilles et autres insectes. Il raffole du miel qu'il peut trouver dans les nids d'abeilles sauvages. Quelquefois, il lui arrive aussi de s'attaquer aux fourmilières et de se régaler des fourmis.

Il se nourrit aussi de feuilles, de framboises, de myrtilles et, en automne, de châtaignes, de glands...

Parfois, l'ours chasse également de petits animaux. C'est un excellent pêcheur qui adore le saumon.

LE SANGLIER

Il cherche sa nourriture sur un grand territoire et se faufile dans les buissons. Il marche vite, parfois il court. Il sait même nager !

Ce sanglier a trouvé des larves d'insectes dans un arbre mort.

Cette famille cherche des glands, des faines et des champignons.

Avec son museau, le boutoir, il brise les mottes et retourne la terre. On dit qu'il vermille. Il trouve ainsi son menu préféré : des racines ou des vers de terre ! Quelquefois, le sanglier chasse de petits animaux comme les lapereaux.

LA MEUTE DE LOUPS

Afin de se rassembler pour partir à la chasse, les loups hurlent. Une meute ne permet pas à d'autres loups de pénétrer sur son territoire.

Les loups s'en vont à la chasse. Ils marchent à la queue leu leu derrière leur chef. Chacun pose ses pattes dans les empreintes du précédent.

Mieux vaut chasser en meute pour attraper un chamois ou un cerf. Le chef se sert d'abord, puis les autres prennent leur part. Les loups partent parfois seuls attraper des lièvres, des campagnols...
Ils mangent aussi des champignons ou des baies sauvages !

QUI MANGE QUOI ?

Attention, plusieurs animaux peuvent être attirés par le même menu, même s'ils sont aussi différents que le sanglier et le geai des chênes !

Réponses : *Noisettes (écureuil, mulot, sittelle) - cône (pic épeiche, écureuil) - glands (sanglier, geai des chênes) - ver de terre (hérisson, sanglier, blaireau) - moustique (libellule, chauve-souris).*

SE DISTRAIRE EN FORÊT

FABRIQUER SON HERBIER

Tu peux collectionner des feuilles, mais aussi des fleurs, des graines... Il faut faire sécher la récolte et la ranger ensuite dans un classeur.

Il faut :

- *un gros catalogue*
- *un classeur*
- *des pochettes en plastique perforées*
- *des feuilles blanches*
- *de la colle*
- *une pince*

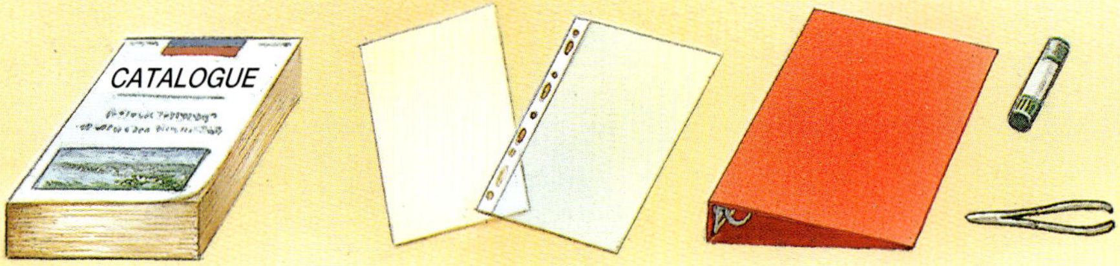

Pose chacune des feuilles entre deux pages du catalogue. Veille à ce qu'elles ne soient pas froissées.

Au bout d'une semaine, retire délicatement les feuilles séchées. Attention, elles sont friables !

Colle chaque feuille d'arbre avec précaution sur une feuille blanche. Demande à un grand d'écrire le nom de l'arbre auquel elle correspond. Glisse ensuite la feuille de papier dans une pochette en plastique que tu places dans un classeur.

DES VERS DE TERRE DANS UN TERRARIUM

Les vers de terre s'appellent aussi des lombrics. Tu les trouveras facilement par temps de pluie : ils quittent alors leurs galeries !

Au fond d'un grand bocal, dispose un peu de gravier. Il recevra le trop-plein d'eau.

Alterne les couches de terre et les couches de sable. La terre doit rester humide.

À la surface, dépose des feuilles mortes et quelques vers de terre.

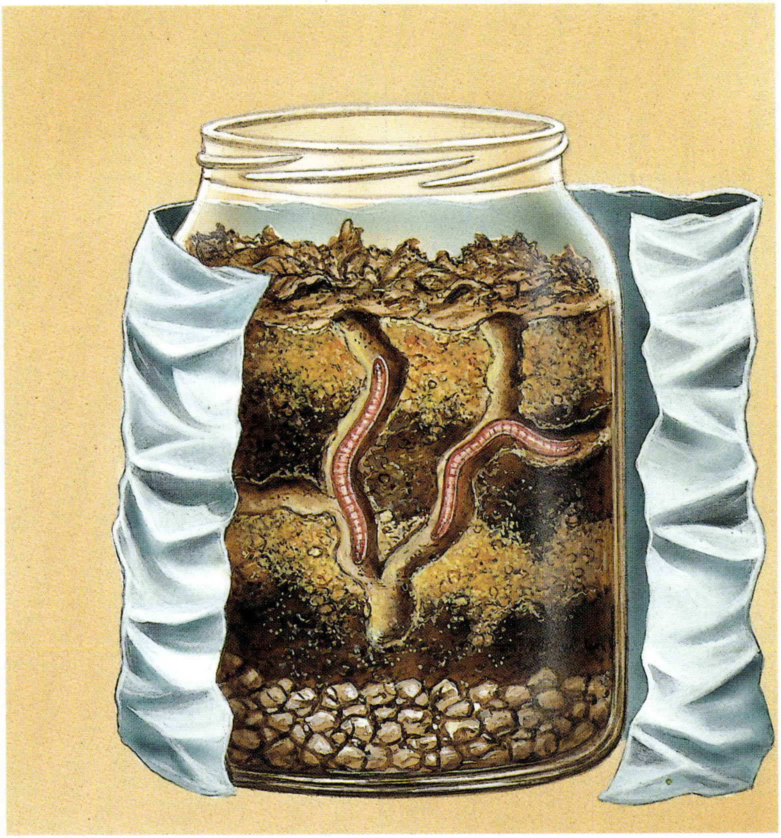

Entoure le bocal avec une feuille d'aluminium pour créer l'obscurité. Les vers de terre se nourrissent de feuilles mortes, de débris de plantes, et même de terre ! Pour manger, ils creusent des tunnels. En remuant la terre, les vers permettent à l'air et à l'eau de mieux pénétrer dans le sol. Grâce à eux, les plantes poussent mieux.

UN OBSERVATOIRE À INSECTES

Fabrique un bocal d'observation pour regarder les petits insectes des bois et des jardins.

Dépose des appâts dans un bocal : confiture, sucre, fromage...
Enterre le bocal dans un endroit calme du jardin. Seul le bord est visible.

Dispose une planchette sur 4 cailloux afin de protéger l'entrée du bocal. De petits insectes ne tardent pas à entrer dedans. Observe-les avant de les libérer. Tu peux varier les appâts ou n'en mettre qu'un seul pour voir ce que préfèrent ces petites bêtes.

UN DESSERT RAFRAÎCHISSANT

En été, cueille des mûres et des framboises en bordure des bois et dans les clairières pour réaliser cette salade de fruits.

Ne cueille pas les fruits des branches les plus basses, ils ne sont pas toujours très propres !

Il te faut un grand saladier, un égouttoir, du sucre en poudre, de la crème fraîche ou du fromage blanc, et quelques gouttes de vinaigre.

Une fois à la maison, rince-les bien sous un mince filet d'eau ou fais-les tremper quelques minutes dans de l'eau mélangée à un peu de vinaigre.

Une fois les fruits égouttés, dépose-les délicatement dans un saladier. Saupoudre-les de sucre et place-les 1 h au réfrigérateur.

Avant de les servir, mélange doucement les framboises et les mûres. Sur la table, tu peux placer de la crème fraîche ou du fromage blanc pour ceux qui le souhaitent.

TOUCHER... ÉCOUTER

Ramasse le matériel au cours d'une promenade en forêt, puis propose ces jeux à un ami. Pense à changer les rôles !

Dans chaque panier, dépose une pomme de pin, une plume, une noix, une écorce, de la mousse... Puis bande les yeux d'un ami avec un foulard. Demande-lui de prendre un objet dans le premier panier, puis de trouver le même objet dans l'autre panier !

Devant ton ami, dispose des feuilles sèches, 2 bâtonnets, 2 coques de noix, une boîte remplie de graines, une petite branche morte... Cache-toi derrière un buisson avec les mêmes objets. Quand tu produis un son, ton ami doit t'imiter sans te voir !

RECONSTITUER LES PAIRES

Tu peux t'amuser à ce jeu tout seul ou avec un ami. Dans ce cas, c'est celui qui a reconstitué le plus de paires de feuilles qui gagne !

Prépare le matériel. Fais découper par un grand 16 rectangles de carton. Au centre de chaque carton, dépose une feuille. Un adulte doit couvrir les cartes avec du papier adhésif. Choisis par exemple : 2 feuilles de châtaignier, 2 de chêne, 2 de tilleul, 2 de hêtre, 2 d'érable, 2 de sorbier, 2 de bouleau, 2 petits rameaux de sapin...

Au début du jeu, toutes les cartes sont à l'envers. Retournes-en 2. Si les feuilles sont identiques, tu les gardes près de toi. Sinon, tu les replaces à l'envers au même endroit. Continue à retourner les cartes 2 à 2 jusqu'à ce que tu aies retrouvé toutes les paires !

JEU DE LA FORÊT MUSICALE

Tu peux jouer à la forêt musicale avec des amis et même avec des adultes. On peut varier les objets ou les instruments.

UNE COURONNE DE FEUILLES

Avec des feuilles, tu peux facilement confectionner une couronne amusante lors d'une promenade en forêt.

1 Cueille des feuilles de lierre.

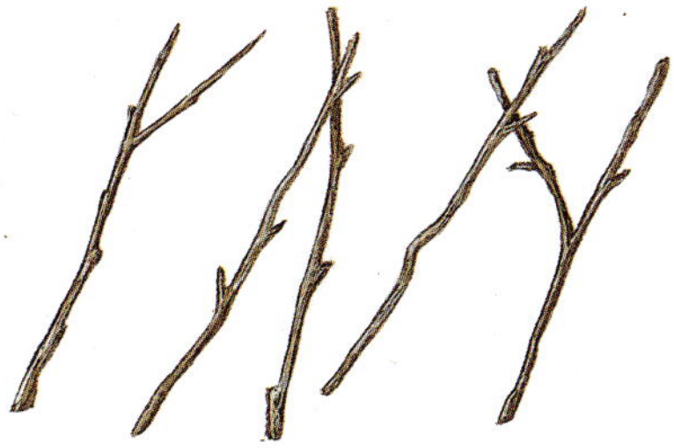

2 Ramasse quelques fines brindilles de bois mort.

3 Coupe la tige en plaçant ton pouce bien au bord de la feuille pour ne pas la déchirer.

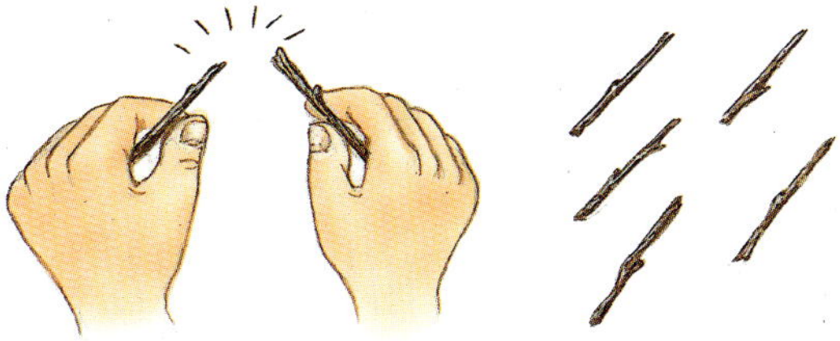

4 Coupe quelques petits morceaux de brindilles de la même taille.

5 Superpose 2 feuilles l'une sur l'autre comme ci-dessus.

6 Attache-les ensemble à l'aide d'un petit bout de brindille comme sur le dessin.

7 Continue de la même façon avec les autres feuilles.

8 Accroche ensemble les feuilles à chaque extrémité et tu obtiendras une jolie couronne.

TABLEAU D'HIVER

Voici un joli tableau à réaliser avec des feuilles mortes pour accrocher dans ta chambre ou pour offrir.

Matériel : *une grande feuille de couleur, du papier à dessin blanc, des feuilles d'arbres séchées, de la peinture blanche, de la colle.*

Découpe des silhouettes de montagnes dans le papier à dessin blanc et colle-les sur la grande feuille bleue. Le paysage est prêt à être décoré.

Dans les feuilles mortes, découpe des formes d'arbres ou d'animaux. Avec des aiguilles de pin, tu peux faire un oiseau, par exemple.

Colle un à un avec précaution les découpages de feuilles sur le paysage. Ensuite, avec un pinceau et un peu de peinture blanche, dessine par petites touches des flocons de neige dans le ciel et sur les arbres. Le tableau est terminé !

PROMENONS-NOUS DANS LES BOIS...

Dans les bois ou dans le jardin, parmi quelques amis, choisissez un loup. Il se cache derrière un arbre et la chanson peut commencer...

Prom'nons-nous dans les bois
Pendant que le loup n'y est pas
Si le loup y était
Il nous mangerait
Mais comme il n'y est pas
Il nous mang'ra pas !

Loup y es-tu ?
M'entends-tu ?
Que fais-tu ?

Le loup répond :

Je mets ma culotte !
ou,
Je mets ma chemise !
Je mets mes chaussettes !
Je mets mon pantalon !
Je mets mes bottes !

Et les enfants se promènent encore non loin du loup, mais s'il dit :

Je sors...!

Tous les enfants s'enfuient pour ne pas se faire attraper.

ROBIN DES BOIS

Il vivait au Moyen Âge en Angleterre, dans la forêt de Sherwood. On l'appelait le « prince des voleurs ». Voici une de ses actions préférées.

Il prenait aux riches l'argent qu'ils avaient gagné malhonnêtement pour le redonner aux pauvres de la région. Il traquait l'injustice.

Ce matin-là, le shérif oblige les gens du village de Nottingham à payer les impôts. Les pauvres doivent lui remettre leurs dernières économies.

Le shérif et ses hommes entrent dans la forêt où vit Robin des Bois. Celui-ci leur tend une embuscade. Ils doivent rendre tout le butin.

Robin des Bois et ses amis redistribuent ces richesses à ceux qui en ont le plus besoin. Il sait qu'il doit se méfier du shérif, qui voudra se venger.

LA FORÊT DE BROCÉLIANDE

De nombreuses légendes sont racontées sur cette forêt que l'on peut découvrir au cœur de la Bretagne.

La forêt de Brocéliande est un lieu mystérieux, riche en étangs, sources et ruisseaux au bord desquels se sont déroulées autrefois des histoires de chevaliers, de fées et de magiciens.

Il est dit que Merlin l'enchanteur fréquentait ces bois. On peut y voir son tombeau, ainsi qu'une fontaine légendaire et même un arbre d'or !